Explorar los recursos del planeta

Usar la tierra

Sharon Katz Cooper

Heinemann Library
Chicago, Illinois

www.capstonepub.com
Visit our website to find out
more information about
Heinemann-Raintree books.

To order:
☎ Phone 888-454-2279
💻 Visit www.capstonepub.com
to browse our catalog and order online.

© 2007 Heinemann
Published by Heinemann,
a division of Capstone Global Library, LLC.
Chicago, Illinois

Translation into Spanish produced by DoubleO Publishing Services
Designed by Michelle Lisseter

Library of Congress Cataloging-in-Publication Data

Katz Cooper, Sharon.
  [Using soil. Spanish]
  Usar la tierra.
      p. cm. -- (Explorar los recursos del planeta)
  ISBN 1-4329-0243-1 (hb - library binding) -- ISBN 1-4329-0251-2 (pb)
  ISBN 978-1-4329-0243-8 (hb - library binding) -- ISBN 978-1-4329-0251-3 (pb)
  1. Soils--Juvenile literature. I. Title.
  S591.3.K3818 2007
  631.4--dc22

                                        2007009824

Acknowledgments
The publishers would like to thank the following for permission to reproduce photographs:
Alamy pp. **4** (Reino Hanninen), **5** (GardenWorld Images), **11** (Cephas Picture Library), **19**
(Wildscape); Corbis pp. **12** (Richard Hamilton Smith), **13** (Royalty Free), **14** (Martin Harvey),
15 (Hamid Sardar), **20** (Reuters), **21** (Gallo Images/Anthony Bannister); FLPA
pp. **8** (Bob Gibbons), **10** (Nigel Cattlin), **16** (Holt/Primrose Peacock); Geoscience Features
Photo Library pp. **9**, **17**; Harcourt Education Ltd p. **22** (Tudor Photography); Photolibrary pp.
6 (Johner Bildbyra), **7** (Tim Shepherd); Still Pictures p. **18** (Jeff & Alexa Henry).

Cover photograph reproduced with permission of Getty Images/Stone (Andy Sacks).

Every effort has been made to contact copyright holders of any material reproduced in
this book. Any omissions will be rectified in subsequent printings if notice is given to the
publishers.

Printed in the United States of America in North Mankato, Minnesota.
052013
007309RP

Contenido

Algunas palabras aparecen en negrita, **como éstas**. Las encontrarás en el glosario que aparece en la página 23.

¿Qué es la tierra?

La tierra es la primera capa
de la superficie del planeta.

Se encuentra en el suelo.
Las plantas crecen en la tierra.

La tierra es un **recurso natural**.

Los recursos naturales vienen
del planeta Tierra.

¿De qué está hecha la tierra?

La tierra está hecha de pequeños pedazos de roca.

Estos están mezclados con diminutas partes de plantas y animales muertos.

La tierra contiene agua y aire atrapados en su interior.

Muchos animales viven en la tierra.

¿Es igual toda la tierra?

Hay muchos tipos de tierra diferentes.

Tienen colores y **texturas** diferentes.

La tierra contiene **minerales**. Estos
minerales son los que le dan color
a la tierra.

Los minerales son pedazo de rocas.

Esta tierra se llama **limo**.

El limo es una tierra muy fina.
Es muy buena para cultivar plantas.

Ésta es tierra margosa.

La **marga** está compuesta de arena, limo y arcilla. También es muy buena para cultivar plantas.

¿Cómo usamos la tierra?

Usamos la tierra para cultivar plantas para alimentarnos.

Los granjeros cultivan grandes cosechas de trigo, maíz y verduras.

Usamos la tierra para cultivar
verduras y flores en nuestros jardines.

La arcilla es un tipo de tierra.

Podemos usarla para hacer recipientes, cuencos y platos.

Hay personas que usan la arcilla
para construir casas.

¿Cómo usan la tierra las plantas?

Las plantas necesitan la tierra por sus **nutrientes**. Los nutrientes son como vitaminas que ayudan a las plantas a crecer.

raíces

La mayoría de las plantas tienen raíces
que se adentran en la tierra.

Las raíces toman agua y nutrientes
de la tierra.

17

¿Quién estudia la tierra?

Los científicos de la tierra estudian diferentes tipos de tierras.

Ayudan a los granjeros a aprender cómo mejorar sus cultivos.

Estudian los animales diminutos que viven
en la tierra para aprender más sobre ellos.

¿Nos quedaremos sin tierra?

Demasiada agua o vientos fuertes pueden arrastrar la tierra.

Esto se llama **erosión**.

Las personas intentan detener la erosión plantando árboles y arbustos.

Sus raíces ayudan a fijar la tierra en su sitio.

Experimento con la tierra

En esta actividad, observarás tres tipos de tierra diferentes. Verás cuánta agua absorbe cada uno.

> **! CUIDADO**
> Con ayuda de un adulto

○ Cuidadosamente, mide agua en tres vasos. Luego mide algo de arena, arcilla y tierra para macetas en otros tres vasos.

○ Coloca un filtro de café en un embudo de plástico, luego coloca el embudo en una taza para medir. Con cuidado, vacía el vaso de arena en el embudo.

○ Vacía uno de los vasos de agua en el embudo lleno de arena. Anota cuánta agua se filtra hasta la taza.

Ahora repite los pasos 2 y 3 con la arcilla y con la tierra para macetas. ¿Qué tierra deja pasar más agua? ¿Cuál deja pasar menos agua?

Glosario

 **erosión** cuando el viento o el agua arrastran la tierra consigo

 **marga** tierra rica, compuesta de arena, limo y arcilla

 **mineral** parte de la roca

 **recurso natural** material de la Tierra que podemos usar

 **nutriente** algo que ayuda a una planta a crecer

 **limo** tierra muy fina

 **textura** el tacto que tiene algo

Índice